LETTRE PASTORALE
SUR
LA PAIX.

AUGUSTIN-JEAN-CHARLES CLÉMENT, par la miséricorde divine, et dans la communion du Saint-Siège Apostolique, Evêque de Versailles, à nos vénérables coopérateurs dans le saint ministère, et aux Fidèles de notre Diocèse ; Salut et Bénédiction en Notre-Seigneur Jésus-Christ.

DANS toutes les occasions qui ont intéressé la gloire et le bonheur de notre patrie, nous n'avons cessé, nos très-chers frères, de vous faire entendre la voix de la religion. Quelle a été en effet la sollicitude de cette tendre mère, au milieu des grands évènemens dont nous venons d'être les témoins ? Oubliant ses propres malheurs et les outrages dont elle étoit le continuel objet dans un pays qui lui a toujours été si cher, et qui lui devoit ses plus antiques et ses plus utiles institutions; perdant de vue le dépouillement de ses autels, le renversement de ses temples, le massacre de ses prêtres, la longue chaîne de calamités réservées à ceux qui avoient échappé aux bourreaux, elle a intimé de nouveau à tous ses disciples le précepte divin d'obéir aux lois et de respecter les autorités, lors même qu'elles abusoient du pouvoir qui leur étoit confié : elle a fait à ses plus jeunes enfans un devoir de voler au secours de leur patrie, et a soutenu leur dévoûment, leur intrépidité au milieu des combats.

Mais jamais fut-il de circonstances plus favorables pour faire entendre notre voix ? Nos invincibles phalanges ont franchi tous les obstacles, renversé toutes les barrières opposées à leur valeur ; elles ont, pour ainsi dire, dévoré les dangers : leurs victoires, qui ont retenti dans l'univers, retentiront dans les siècles futurs. Ces armées de héros, conduites par des généraux dignes d'elles ; mais sur-tout par celui qui, revêtu de la première magistrature, est au gouvernail de l'état, se sont constituées à jamais créancières de la gloire ; elles couronnent leurs travaux en commandant la paix.

Au milieu des trophées militaires, la religion, désolée de voir ses enfans s'entre-détruire, interpose sans cesse ses supplications pour le retour de la concorde : elle veut d'ailleurs qu'au champ des batailles, les hommes conservent la bienveillance compatible avec ce que prescrit le devoir; et, suivant l'expression d'un père de l'église, tandis que les bras combattent, la *volonté doit garder la paix.* (1) Aussi les philosophes ont reconnu que le christianisme a rendu les guerres moins fréquentes et moins atroces : nous lui devons, dit l'un d'eux, dans la paix, un certain droit politique ; et dans la guerre, un certain droit des gens que le genre humain ne peut assez reconnoître. (2)

Douze ans de sacrifices et de combats, ne seront pas perdus! graces à la valeur de nos guerriers, et à l'habileté de nos négociateurs, le dix-neuvième siècle s'ouvre sous les auspices de la pacification continentale. Ainsi l'Eternel, après avoir, suivant l'expression de Fénélon, brisé les nations par des guerres, les console par la paix.

Pasteurs et fidèles, sans enfreindre les devoirs que nous impose le tems de la prochaine solemnité pascale, intercalons le cantique de la joie : ce sentiment, que la religion épure, qu'elle sanctifie, doit se livrer à tout son éclat pour célébrer la protection visible du ciel sur la société politique dont nous sommes membres.

---

(1) Saint Augustin, ép. 138 et 189.
(2) Montesquieu, *Esprit des Lois.*

Dans les évènemens de la guerre, les blasphémateurs de la divinité voudroient ne trouver que les résultats des hasards et le produit d'une force aveugle : nous, qui sommes éclairés par les lumières de la foi, reconnoissons par-tout la main de celui auquel toute la nature obéit. « A lui
« seul appartiennent la puissance et l'empire ;
« il est la force de son peuple ; à son gré, il
« chasse les nations du pays qu'elles habitent :
« elles ne doivent point espérer dans leurs armes,
« et le glaive ne les sauvera pas. Si elles pos-
« sèdent la terre, c'est son bras qui la leur donne ;
« car la victoire n'est pas dans la multitude, mais
« la force vient du ciel : le glaive du Seigneur
« devient celui de Gédéon, et la paix est son
« ouvrage. » (1)

Nous n'eussions pas été abattus par des revers, ne soyons pas enorgueillis par des succès ; en rendant graces au Seigneur de ses bienfaits, notre premier devoir est de lui demander la sagesse pour en faire un saint usage. Ainsi, après la défaite d'Holopherne, les hébreux se rendirent à Jérusalem pour adorer Dieu ; et s'étant purifiés, ils lui offrirent des holocaustes. (2)

---

(1) Esther, 10.--2. Psal. 2.--8. Psal. 43.--1. Mach. 5.--19. Judith, 8. Isaïe, 45.--7.
(2) Judith, 16, v. 22 et 31.

Ainsi, après les victoires des Macchabées, ce même peuple s'empressa de chanter des hymnes au Seigneur, qui avoit opéré de si grandes merveilles en Israël. (1)

A l'idée de paix, s'associent toutes les idées de satisfaction et de bonheur, autant qu'on peut le goûter dans cette vie qui n'est que le berceau de la vie éternelle, et le préliminaire d'un bonheur véritable dans une région nouvelle.

La guerre, qui est un état contre nature, isole les peuples; les membres de la grande famille semblent alors abjurer le nom et les sentimens de frères, pour se traiter en ennemis; la haîne et la défiance, armées sur toutes les frontières, repoussent l'étranger, ou ne l'admettent qu'en l'entourant de soupçons. Mais il est arrivé, le moment où les frontières ne sont plus que le passage d'une contrée à l'autre; la paix embrasse les chaînes des Pyrénées, des Alpes et les rives des fleuves qui nous séparent d'autres régions; le chant triomphal retentit des bords de l'Ebre à ceux de la Néva; des peuples, rapprochés par les sentimens de l'amitié et de leurs intérêts respectifs, étendent les uns vers les autres leurs mains fraternelles. Lorsque les enfans de nos alliés viendront visiter la France; lorsque des

---

(1) Macchab. 1---38.

Français iront visiter les nations amies, chaque citoyen sera, par sa conduite à leur égard, l'interprête de la bienveillance nationale. A l'avance, nous désavouons ces individus qui, par leur insolente frivolité ou leur scandaleuse immoralité, étrangers aux principes que professe une république, perdent par-là même le droit de dire sans fierté, mais avec dignité : *J'ai l'honneur d'être Français !*

Un seul gouvernement, violateur de tous les droits, chargé de tous les attentats, calomnie, par sa conduite, la nation sur laquelle il pèse; il méconnoît et foule aux pieds toutes les notions de justice et de morale : mais déjà l'on peut entrevoir l'époque où le tyran des mers courbera la tête devant la majesté des autres peuples. Alors nos pavillons respectés franchiront librement l'abîme des eaux pour visiter les Français d'outre-mer, pour rendre sa gloire à cette contrée que fertilise le Nil, témoin jadis des merveilles opérées par le ciel en faveur des Hébreux ; à cette contrée couverte encore de tant de monumens et de souvenirs.

La Providence a voulu que la chaîne des besoins respectifs des nations fût pour elles le lien de l'amitié : bientôt, sous l'égide de la paix, rien n'arrêtera des spéculations commerciales qui, déployant toute leur énergie, les mettront à portée de faire un doux échange de productions et de sentimens de bienveillance : travailler au bonheur mutuel est une obligation solidaire entre les peuples, et malheur à celui qui voudroit fonder sa prospérité précaire sur la détresse des autres !

La guerre consomme sans reproduire; la paix reproduit, en économisant sur la consommation : l'agriculture et le commerce, qui sont les deux mamelles de l'état, alimenteront toutes les parties du corps social. Un célèbre défenseur de la religion, Pascal, disoit qu'un canal est un chemin qui marche. Des canaux vont s'ouvrir pour servir de véhicule aux produits de l'industrie, et faciliter la circulation de tous les objets premiers ou secondaires de nos besoins; d'immenses capitaux qu'absorboient les dépenses indispensables de la guerre, iront vivifier toutes les branches d'administration publique. Rentrés dans leurs foyers, nos guerriers consoleront leurs mères, leurs épouses, leurs frères; ils recueilleront l'expression de notre reconnoissance : des familles mutilées sécheront leurs pleurs, et confondront leurs sentimens dans celui de l'allégresse générale.

Est-elle arrivée, cette époque où, suivant l'expression du Psalmiste, la *justice et la paix se donneront le baiser ?*

Pouvons-nous espérer qu'insensiblement se cicatriseront les plaies profondes que l'irréligion a faites aux mœurs ? un demi-siècle suffira-t-il pour extirper ce poison corrosif, le danger le plus imminent de la liberté publique ? Quelle garantie donne à la société l'homme qui n'a pas puisé dans la croyance de l'autre vie les principes directeurs de sa conduite ? Le cours de la révolution a vérifié plusieurs fois l'observation que le despotisme et l'impiété sont toujours associés.

Jamais une nation ne recevra la morale que des mains de la religion ; le témoignage de tous les législateurs dignes de ce nom, le témoignage de tous les pays, de tous les siècles, déposent contre la possibilité d'organiser un état sans culte. Cent fois on a cité ce dire d'un ancien : *il seroit plus facile de bâtir une ville en l'air*. Communément, quand les hommes reviennent à la vérité, à la vertu, c'est moins par amour pour elles que par lassitude de l'erreur et du crime ; la France en fournit une nouvelle preuve : cette preuve se fortifie à l'aspect de tant d'hommes qui avouent enfin la nécessité de la religion, à condition qu'ils resteront étrangers à sa croyance et à ses préceptes; en ne la considérant que comme un instrument politique, jamais ils ne sont placés dans le point de vue nécessaire pour prendre à cet égard des déterminations avouées par la sagesse. Aussi des entreprises bientôt avortées en faisant le malheur des peuples, attestent l'aveuglement de quiconque veut appliquer les mesures de la prudence humaine au plan de la religion, construit par une main divine. Puisse l'éducation chrétienne transmettre aux hommes de l'avenir, avec l'héritage de la liberté, celui de la religion et des mœurs; la piété sanctifier les vertus civiques, et la paix de la république se consolider par celle de l'église!

La paix de l'église !.... Depuis long-tems elle auroit tari de fatales divisions, si l'on eût partagé les affections dont nous fûmes toujours animés; si l'on n'avoit pas toujours repoussé nos invitations et nos embrassemens.

Avons-nous omis une seule occasion, un seul moyen d'inculquer ces sentimens de charité et d'union dont Jésus-Christ nous a donné le précepte et l'exemple, et que les apôtres avoient recueilli sur les lèvres et dans la conduite du divin maître ? Nos lettres pastorales, nos synodes, nos conciles, en un mot nos discours, nos actions et nos écrits; tout dépose en notre faveur. Nous avons multiplié les tentatives de réunion à tel point que quelquefois on a pris pour un symptôme de foiblesse de notre part, ce qui n'étoit que l'élan de la tendresse poussée à son dernier période.

Nous n'avons garde de profiter des avantages que nous offre notre position, en observant que nos tendres invitations n'ont jamais été accueillies qu'avec un dédain qui blessoit non-seulement les principes de l'amitié chrétienne, mais encore les convenances sociales respectées même par les hommes qui ont eu le malheur de ne recevoir qu'une éducation mondaine; nous avons trouvé des cœurs inaccessibles à cette bienveillance universelle qui doit embrasser tous les enfans d'Adam, quels qu'ils soient, fussent-ils même dans l'erreur.

Vainement dans toute l'Europe, on a semé contre nous toutes les impostures que pouvoit inventer la haîne : les hommes droits ont senti qu'un jugement seroit frappé de nullité, s'il n'étoit assis que sur les allégations d'une des parties contendantes; et beaucoup d'entr'eux, après s'être assurés des faits, nous ont donné des gages touchans de leur union.

Nous cédâmes aux vœux des fidèles qui nous appeloient, aux vœux de l'autorité nationale, aux vœux de la religion qui nous imposoit le devoir de ne pas laisser le peuple à l'abandon ; et comme Dieu se sert de quiconque il lui plaît pour opérer sa volonté, nous fûmes les ministres qu'il employa pour conserver en France la religion qui, sans nous, eût fui cette belle portion de la catholicité.

Au milieu des tempêtes qui sont venues fondre sur nos têtes, le clergé s'est épuré, comme l'armée de Gédéon.

Nous avons applaudi aux réformes sous lesquelles s'écrouloit ce honteux Concordat qui fut l'objet constant de la censure et des réclamations de tous les bons esprits : aux prétentions, aux abus introduits par le code scandaleux des fausses décrétales, nous avons constamment opposé le boulevard des libertés gallicanes ; et dans le premier des évêques, nous avons toujours sçu respecter la primauté d'honneur et de jurisdiction, sans l'aduler. Pouvions-nous errer, lorsque nous suivions la route que nous montroit toute l'antiquité, et dans laquelle nous devançoit Bossuet, à la tête de l'église gallicane ?

Telle est la doctrine à laquelle nous sommes inviolablement attachés, et qui sera de nouveau proclamée solemnellement dans le second concile national qui doit se tenir dans le cours de cette année.

Oh ! combien il nous seroit doux d'y posséder des frères divisés qui nous seront toujours chers, qui trouveront toujours en nous des cœurs pour les aimer, des bras pour les presser. Sans cesse nous avons proposé des conférences publiques où, sous les yeux des fidèles, seroient discutés les points contestés parmi nous ; car la vérité doit être publiée sur les toîts. Nous n'inculperons pas la timidité qui nous a ravi la satisfaction de voir accéder à notre vœu ; dans ce concile national, réunis sous l'invocation de l'Esprit-Saint, la franchise, la charité présideront plus que jamais à toute discussion, et cimenteront le rapprochement des ames. Quels obstacles pourroient faire repousser notre invitation ? Avec nos frères, nous croyons tout ce que l'église croit ; notre enseignement est le même ; nous le puisons dans les mêmes sources, dans les mêmes livres : avec eux, nous reconnoissons l'autorité de l'évêque de Rome sur ses frères les autres évêques. Si ses refus de communiquer avec nous, malgré nos protestations, peuvent entraîner la note de schismatiques, ce ne sera jamais sur ceux qui provoquent sans cesse à l'union ; car sans doute personne n'est assez ignorant pour prétendre qu'on ne peut être catholique sans le consentement du chef de l'église, à moins qu'on ne change la notion que donnent de l'église tous les catéchismes, pour y substituer celle-ci : *L'église, c'est le pape.* Au surplus, le droit naturel, le droit divin ne permettront jamais de condamner personne sans l'entendre, sur-tout lorsqu'il le demande ; et des jugemens rendus au mépris de ces règles imprescriptibles, ne pourroient être comparés qu'à ceux de cette aggrégation assassine connue sous le nom de tribunal révolutionnaire, et chargée de l'exécration de tous les hommes qui n'ont pas abjuré toutes les notions de justice et d'humanité.

Au reste, dans nos écrits, dans notre conduite, on trouvera les preuves multipliées de notre dévoûment à l'église catholique, apostolique et romaine, et à son chef. Attachés à nos devoirs comme chrétiens, comme pasteurs, comme citoyens; enfans de la religion et de la république que nous chérissons, nous rendrons toujours à Dieu ce qui est à Dieu, et à César, c'est-à-dire, au peuple souverain et aux magistrats qui sont les organes de son autorité, ce qui leur appartient.

Pourrions-nous clorre cette lettre d'une manière plus conforme à nos desirs, plus édifiante pour tous les chrétiens, qu'en réitérant notre invitation solemnelle ! Au moment où les puissances politiques se donnent la main, sera-t-il dit que la paix ne peut s'établir parmi ceux qui se disent ministres de paix ? Rappelons-nous les reproches tendres qu'adressoit saint Paul à ces Corinthiens qui prétendoient reconnoître, les uns Appollo, les autres Céphas; tandis que tous devoient être à Jésus-Christ.

La religion, affligée, éplorée, vous conjure de sécher ses larmes. A l'aspect de tant de familles agitées par de funestes divisions entre les époux, les pères et les enfans, ne voyez-vous pas l'impiété triompher de ces dissentions dont elle voudroit se servir pour ensevelir l'église sous des ruines ?

Enfans du même Dieu, professant la même foi, rachetés du même sang, nourris des mêmes sacremens, revêtus du même sacerdoce, tourmentés par les mêmes persécutions, frères toujours chéris, nous vous en supplions de nouveau ; venez éteindre dans nos embrassemens le souvenir des peines que nous avons tous éprouvées, et des préventions qui avoient éloigné les esprits, ou aigri les cœurs : la charité ne se trouve que là où est la vérité ; charité et vérité, c'est le cri de l'évangile. Nous aimons à espérer qu'il retentira dans vos ames ; que la patrie nous verra réunis autour des mêmes autels, cimenter la concorde entre la religion et la république, et renouveler la promesse de les aimer, de les défendre jusqu'au dernier soupir.

A CES CAUSES, etc.

A PARIS, ce 8 mars de l'an de J.-C. 1801, IIIe. dimanche du Carême (17 ventôse, an 9.)

† AUG.-JEAN-CHARLES, *évêque de Versailles.*

DISCOURS

PRONONCÉ

DANS L'ÉGLISE CATHÉDRALE DE SAINT JEAN

A PERPIGNAN,

Par le C.en VERDIÉ,

Ci-devant premier vicaire-épiscopal, instituteur national de mathématiques, pendant un service célébré pour le repos des ames des militaires morts en défendant la patrie. 19 janvier 1801 (29 nivôse an 9.)

> « *Considera, Israel, pro his qui mortui sunt super excelsa tua vulnerati......Quomodo ceciderunt fortes?* Considère, Israël, ce que tu dois à ceux qui sont morts de leurs blessures sur tes montagnes......Comment ces vaillans hommes sont-ils tombés? »
> (Au IIe. livre des Rois, chap. I.)

Révérendissime Évêque,

Tels furent les tristes accens de David, déplorant la fin tragique de Saül et de Jonathas. « Ah! continuoit ce prince, les illustres d'Israël « ont été tués sur nos montagnes : comment « ces vaillans hommes sont-ils tombés ?......

« N'annoncez point cette nouvelle dans Geth;
« ne la publiez point dans Ascalon, de peur que
« les filles des Philistins ne s'en réjouissent; de
« peur que les filles des incirconcis n'en trion-
« phent de joie..... O monts de Gelboë, que
« jamais la rosée ni la pluie ne tombent sur vous,
« parce que c'est sur vos sommets qu'a été brisé
« le bouclier des forts ! » Telle fut la douleur
de David; la nôtre seroit-elle moindre pour une
perte infiniment plus grande?

Ah! mes chers auditeurs, ce n'est pas seulement sur nos montagnes que nous avons perdu d'illustres guerriers; pendant le trop long cours de cette guerre étonnante, quelle plaine a pu ignorer nos démêlés? quel fleuve, quel golfe n'est pas instruit de la bravoure de nos soldats? quelle mer n'a pas été rougie de leur noble sang? quelle rive n'en a pas été arrosée?

Mais nous ne craindrons pas, comme David, de porter aux oreilles de nos ennemis ces nouvelles, à la vérité, bien tristes pour nous, mais accablantes pour eux. Saül et Jonathas périrent vaincus; mais les héros que nous pleurons, achetant la victoire au prix de leur sang, ne s'ensevelissoient d'ordinaire que dans leur triomphe. L'amour brûlant d'une patrie injustement attaquée, dont ils savoient que la destinée reposoit sur eux, les élevoit à ce haut point de grandeur,

qu'ils

www.ingramcontent.com/pod-product-compliance
Lightning Source LLC
Chambersburg PA
CBHW070543050426
42451CB00013B/3158